Weil *Liebe* durch den Magen geht ...

G. Poggenpohl

Weil *Liebe* durch den Magen geht ...

EDITION XXL

Für einen anderen Menschen zu kochen hat an sich schon etwas mit Liebe zu tun. Und wenn es dann auch noch schmeckt – umso besser.

Wenn Liebe durch den Magen gehen soll, sollte man ein paar Dinge beachten. Die Verführung beginnt nicht erst im Mund, sondern schon in der Nase. Allein der Duft bestimmter Gewürze und Speisen kann Hormone so richtig in Wallung bringen. Typische Gewürze hierfür sind Safran, Nelken, Kardamom, Ingwer, Muskat. Zu den Scharfmachern in Sachen Liebe gehören Cayennepfeffer und die verschiedensten Chili-Arten.

Es gibt aber auch Lebensmittel, in denen so genannte Glückshormone vorhanden sind, wie z. B. in Schokolade oder Kakao. Auch ein Glas Prosecco oder Sekt hat stimulierende Wirkung auf die Liebe. Ebenso haben wir Gemüse, denen man die gleiche Wirkung nachsagt. Hier wäre an erster Stelle die Artischocke zu nennen, aber auch der Spargel.

Die nachfolgenden Rezepte sind alle etwas Besonderes und bestens geeignet, einem anderen zu zeigen, dass man ihn liebt. Wenn Sie dann noch die richtige Atmosphäre schaffen, den Tisch schön herrichten und für eine passende Musik im Hintergrund sorgen, können Sie das kleine Glück erleben.

Ihr G. Poggenpohl

Inhalt

„Ich kann die Erotik nicht vom Essen trennen, und ich sehe auch keinen Grund, weshalb ich es tun sollte.
Im Gegenteil, ich habe vor, weiterhin beides zu genießen, solange mir Kräfte und gute Laune reichen."

Isabel Allende

LIEBE GEHT DURCH DEN MAGEN

Medizinische Untersuchungen ergaben, dass die meisten als Aphrodisiakum geltenden Gewürze und Gemüse eine gemeinsame Substanz besitzen: Alkaloide. Das sind stickstoffhaltige Stoffwechselprodukte, die beim Verzehr den menschlichen Körper und die Psyche stimulieren. Sie beeinflussen nicht direkt unsere Sexualorgane, sondern wirken euphorisierend und werden in der Naturmedizin auch als Antidepressiva eingesetzt. Auf physischer Ebene steigern sie die Hormonproduktion und verbessern die Durchblutung. Es erhöht sich auch die Intensität der Nervensignale, sodass körperliche und optische Reize schneller zum Gehirn und zurückgeleitet werden.

JEDES GERICHT IST SO GUT WIE DIE ZUTATEN, DIE SIE VERWENDEN

Gerade wenn es um den/die Liebste geht, sollte man nicht am falschen Ende sparen. Also achten Sie beim Einkauf darauf, dass Sie frische, reife und ausgewählte Produkte kaufen.
Ähnlich ist es auch bei den Getränken, es muss nicht ein Wein oder Sekt der ganz gehobenen Preisklasse sein, aber auf keinen Fall sollte es irgendeine Billigsorte sein. Ein gutes Mittelmaß ist hier das Richtige, das gilt auch für den Wein oder Sekt, den Sie zum Kochen verwenden. Noch ein Wort zu den Kräutern, frisch sollten sie sein und mit einem möglichst scharfen Messer gehackt werden. Besonders gut eignet sich eine kleine Küchenmaschine mit sehr hohen Drehzahlen. In solchen Maschinen können Sie auch sehr gut Zwiebeln und Knoblauch zerkleinern. Falls Sie und/oder Ihr Partner/Partnerin nicht unbedingt zu den Knoblauchfans gehören, dann können Sie diese Zutat bei den entsprechenden Rezepten selbstverständlich auch weglassen und nach Geschmack durch andere Gewürze oder Kräuter ersetzen.

DAS AUGE ISST MIT!

Lassen Sie Ihrer Kreativität doch mal freien Lauf. Mit allem, was man essen kann, können Sie auch dekorieren. Nur keine Scheu, es passt vieles zusammen, und wenn Ihr Gegenüber das nicht mag, dann wird er oder sie es schon zur Seite legen.

AUFBAU DER REZEPTE

Die Rezepte sind für zwei Personen berechnet.
Eine gute Qualität von Fisch, Fleisch, Gemüse und den sonstigen Zutaten ist eine Grundvoraussetzung für gutes Gelingen und ein schmackhaftes, gesundes und bekömmliches Essen. Verwenden Sie möglichst frische Kräuter und Gewürze, sie tragen ebenfalls zur geschmacklichen Steigerung der Gerichte bei.

ABKÜRZUNG DER MASSEINHEITEN

kg	Kilogramm
g	Gramm
ml	Milliliter
1 EL	1 Esslöffel = 15 ml = 15 g
1 TL	1 Teelöffel = 5 ml = 5 g
1 ml	1 g
1 l	1 Liter = 1 000 ml = 1 kg = 1 000 g

Fischklößchen-Suppe

1. Das Fischfilet klein schneiden, größere Gräten entfernen. Das Fischfleisch in einen Mixer geben, nach und nach Sahne und Eis hinzufügen und alles zu einer glatten, festen Masse verarbeiten.

2. Diese dann durch ein feines Sieb streichen (dadurch werden auch die restlichen Gräten entfernt), in eine Schüssel füllen und mit Salz und Pfeffer abschmecken.

3. Den Fischfond, das Wasser und den Sherry in einen Topf geben und aufkochen. Die Suppe mit Salz und Pfeffer abschmecken.

4. Aus der Fisch-Farce mit einem Löffel kleine Klößchen formen und in die heiße, aber nicht mehr kochende Suppe einlegen und ca. 10 Minuten ziehen lassen.

ZUTATEN:

300 g Weißfischfilet
60 ml süße Sahne
2 EL Crash-Eis
Für die Suppe:
300 ml Fischfond
100 ml Wasser
50 ml Sherry
Salz
Pfeffer

Ziegenkäse auf Radicchio

ZUBEREITUNG:

1. Die Schalotte abpellen und fein hacken. Den Salat waschen, abtropfen lassen und einige schöne Blätter für die Dekoration beiseite legen. Den Rest in Streifen schneiden. Die Brunnenkresse abbrausen und die Blätter abzupfen.

2. Die Butter in einem Topf erhitzen, die Schalotte dazugeben und andünsten. Den Zucker darüber streuen und karamellisieren lassen. Mit dem Balsamico-Essig ablöschen, die Preiselbeeren hinzufügen und alles verrühren. Mit Salz und Pfeffer abschmecken.

3. Aus Essig, Öl, Salz, Zucker und Pfeffer eine Salatsoße herstellen, sie sollte süßsauer schmecken. Mit dem Salat vermischen, die Kresseblätter darüber streuen und das Ganze etwas ziehen lassen.

4. Den Salat auf Tellern anrichten, auf je zwei Blätter den Ziegenkäse legen, mit der lauwarmen Soße angießen und auf einem schön hergerichteten Tisch servieren.

ZUTATEN:

1 Schalotte
$\frac{1}{2}$ Endiviensalat
1 Radicchio
50 g Brunnenkresse
1 EL Butter
1 TL brauner Zucker
4 EL Preiselbeeren
1 EL Balsamico-Essig
Essig
Olivenöl
Salz
Pfeffer
Zucker
4 kleine Ziegenkäse

Tatar auf Rote-Bete-Salat

ZUTATEN:

200 g Tatar (sehr mageres Rindfleisch)
2 gekochte Rote Bete (gibt es fertig im Supermarkt)
½ Bund Petersilie
2 EL Pinienkerne
4 EL Olivenöl
3 EL Sherryessig
1 TL Zucker
1 Apfel
1 Schalotte
100 g Gorgonzola
Salz
Pfeffer

ZUBEREITUNG:

1. Die Petersilie abbrausen, das Grün von den Stielen zupfen und fein hacken. Die Rote Bete in Streifen schneiden, den Apfel mit heißem Wasser abwaschen, das Kerngehäuse entfernen und das Fruchtfleisch in feine Spalten schneiden.

2. Aus dem Öl, dem Essig, dem Zucker, Salz und Pfeffer eine Marinade herstellen. Die Rote Bete mit den Pinienkernen, der Petersilie, den Apfelspalten und der Marinade vermischen.

3. Den Gorgonzola in Würfel zupfen oder schneiden. Die Schalotte abpellen und fein hacken. In einer Schüssel mit dem Tatar vermischen und mit Salz und Pfeffer abschmecken.

4. Die Rote Bete auf Teller verteilen, das Tatar darauf setzen. Den Gorgonzola darüber streuen und alles servieren.

Jakobsmuscheln auf Blattspinat

ZUBEREITUNG:

1. Den Knoblauch abpellen und fein hacken. Den Spinat waschen und putzen.

2. Die Muscheln abbrausen, den Rogen der Jakobsmuscheln entfernen (das ist der kleine rote Zapfen, der an der Muschel angewachsen ist) und fein würfeln. Die Muscheln abtupfen, mit Salz und Pfeffer würzen.

3. Einen Esslöffel Butter in einem Topf erhitzen und die Muscheln darin auf jeder Seite ca. $\frac{1}{2}$ Minute braten. Die Muscheln herausnehmen und warm stellen.

4. Die restliche Butter in den Topf geben, den Knoblauch zugeben, den noch nassen Spinat hinzufügen und unter Rühren zusammenfallen lassen.

5. Die Sahne, den Wermut und den Rogen zu dem Spinat geben, verrühren, mit Muskat, Salz und Pfeffer abschmecken.

6. Den Spinat auf Teller oder in die Muschelschalen geben, das Muschelfleisch darauf setzen und servieren.

ZUTATEN:

8 Jakobsmuscheln
300 g frischer Spinat
2 EL Butter
1 Knoblauchzehe
50 ml süße Sahne
50 ml Wermut
Muskat
Salz
Pfeffer

Eier in Burgunder-Pilzsoße

ZUTATEN:

8 Eier
250 g Champignons
1 kleine Zwiebel
1 EL Butter
1 TL Speisestärke
1 Becher süße Sahne
200 ml Spätburgunder, z. B.
aus Württemberg
1 l Wasser
100 ml Essig
Zucker
Salz
Pfeffer

ZUBEREITUNG:

1. Die Champignons putzen und in Achtel schneiden. Die Zwiebel schälen und fein hacken.

2. Die Butter in einem Topf schmelzen, die Zwiebeln darin anbraten. Wenn sie anfangen leicht braun zu werden, die Champignons zugeben. Ca. drei Minuten braten, dann mit dem Burgunder aufgießen. Einmal aufkochen und dann beiseite stellen.

3. Die Sahne mit der Speisestärke verrühren und unter die Pilze geben. Die Burgundersoße mit Zucker, Salz und Pfeffer abschmecken.

4. Ca. 1 l Wasser zum Kochen bringen, den Essig zugeben. Die Eier aufschlagen, einzeln in eine Kelle oder einen Löffel geben und in das leicht sprudelnde Wasser gleiten lassen. Die Eier ca. zwei Minuten in dem köchelnden Wasser pochieren. Wenn das Eiweiß zu stocken beginnt, es mit einem Esslöffel über das Eigelb ziehen und die Eier weitere zwei Minuten garen. Die Eier aus dem Wasser heben und auf Küchenpapier oder einem Sieb abtropfen lassen.

5. Die Soße auf Tellern anrichten, die pochierten Eier darauf setzen. Dieses Gericht können Sie mit verschiedenen Kartoffeln servieren, z. B. mit Herzoginkartoffeln.

Weinbirnen mit Schimmelkäse

ZUBEREITUNG:

1. Den Feldsalat waschen und putzen. Die Schalotte abpellen und fein hacken. Den Gorgonzola in kleine Würfel zupfen oder schneiden.

2. Die Birnen waschen, halbieren und das Kerngehäuse entfernen.

3. Die Birnen mit dem Weißwein in einen Topf mit Deckel geben und je nach Birnenart ca. 10–15 Minuten garen.

4. Aus dem Öl, dem Essig, den Schalotten, dem Zucker, den Walnüssen, Salz und Pfeffer eine Salatsoße herstellen. Den Feldsalat mit der Soße vermischen.

5. Wenn die Birnen weich sind, aus dem Sud nehmen, auf Tellern anrichten und den Gorgonzola darüber streuen. Den Feldsalat zugeben und servieren.

6. Besonders hübsch sieht dieser Salat mit essbaren Blüten (z. B. Gänseblümchen, Veilchen, Kapuzinerkresse usw.) aus.

ZUTATEN:

4 Birnen
200 ml lieblicher Weißwein
200 g Gorgonzola
200 g Feldsalat
1 Schalotte
70 g gehackte Walnüsse
4 EL Olivenöl
2 EL Zucker
50 ml Balsamico-Essig
Salz
Pfeffer

Lachsschnecken auf Spargelsalat

ZUTATEN:

1 Bund Spargel
1 Karotte
1 Tomate
1/2 Paprikaschote
1 EL gehackte Petersilie
2 EL Olivenöl
3 EL Sherryessig
4 Scheiben Räucherlachs
200 g Frischkäse
1 Bund Schnittlauch
2 EL Sahnemeerrettich
1 Bund Rucola
Salz
Pfeffer

ZUBEREITUNG:

1. Den Spargel putzen, schälen und in Salzwasser gar kochen.

2. Die Karotte putzen, schälen und in Würfel schneiden. Die Paprikaschote waschen, halbieren, das Kerngehäuse entfernen und eine Hälfte der Paprikaschote in kleine Würfel schneiden. Die Tomate waschen und ebenfalls in kleine Würfel schneiden.

3. Das so vorbereitete Gemüse mit der Petersilie in einem Topf mit dem Öl dünsten, es sollte noch etwas Biss haben. Das Gemüse erkalten lassen, mit dem Essig vermischen, mit Salz und Pfeffer abschmecken.

4. Den Schnittlauch abbrausen und in feine Ringe schneiden.

5. Den Frischkäse in eine Schüssel geben und mit dem Meerrettich und dem Schnittlauch vermischen. Mit Salz und Pfeffer abschmecken.

6. Den Lachs auslegen, den Frischkäse darauf verteilen und das Ganze zu Röllchen formen. Die fertigen Röllchen im Tiefkühler ca. eine Stunde frosten.

7. Den Spargel in 3 cm lange Stücke schneiden, mit dem Gemüse vermischen und auf Tellern anrichten. Die Lachsröllchen aufschneiden, darauf legen und mit dem verlesenen, gewaschenen Rucola verzieren.

Gefüllte Tomaten

ZUBEREITUNG:

1. Die Kräuter abbrausen und trockenschüt-
    teln, mit einem scharfen Messer fein
    hacken. Den Schinken in sehr feine
    Würfel schneiden, die Pinienkerne
    grob hacken und in einer Pfanne
    ohne Fett anrösten. Mit dem
    Frischkäse, den Schinkenwür-
    feln und den Kräutern vermi-
    schen, mit Salz und Pfeffer
    abschmecken.

2. Den Backofen auf 180° C
    vorheizen, ein Backblech
    mit Backpapier auslegen.

3. Die Tomaten waschen
    und mit einem scharfen
    Messer am Stielansatz
    aufschneiden, mit einem
    Löffel die Tomaten aus-
    höhlen.

4. Die Pinien-Käsemischung
    in die Tomaten füllen.
    Den geriebenen Käse dar-
    auf geben und die To-
    maten im Backofen ca. 10
    Minuten backen.

5. Den Salat auf Tellern anrich-
    ten und die Tomaten darauf
    setzen. Die restliche Käse-
    mischung auf den Tellern vertei-
    len und das Ganze mit Weißbrot
    servieren.

ZUTATEN:

8 Tomaten
500 g Frischkäse
250 g Pinienkerne
1/2 Bund gemischte Kräuter
100 g roher Schinken
100 g geriebener Käse
Salz
Pfeffer
ein paar Blätter Salat

Forellentatar auf Radicchio

ZUTATEN:

2 mittlere frische
Forellenfilets
2 Frühlingszwiebeln
½ Bund Dill
1 EL Olivenöl
Saft einer Zitrone
1 Radicchio
1 EL Butter
1 EL Zucker
3 EL Balsamico-Essig
Salz
Pfeffer

ZUBEREITUNG:

1. Die rohen Forellenfilets von allen Gräten befreien und mit dem Messer in sehr kleine Stücke schneiden bzw. hacken.

2. Die Frühlingszwiebeln putzen, waschen und fein hacken. Den Dill abbrausen, die Dillspitzen von den Stielen zupfen und grob hacken.

3. Den gehackten Fisch in eine Schüssel geben, die klein gehackten Frühlingszwiebeln, den Dill, das Olivenöl und den Saft der Zitrone dazugeben. Alles vermischen und mit Salz und Pfeffer abschmecken.

4. Den Radicchio putzen und vierteln.

5. Die Butter in einem Topf erhitzen, den Zucker zugeben und so lange rühren, bis der Zucker karamellisiert (geschmolzen) ist. Dann den Radicchio darin anbraten, mit dem Essig ablöschen und mit Salz und Pfeffer würzen.

6. Den Radicchio auf Teller verteilen und das Tatar darauf setzen. Mit Weißbrot servieren.

Graved-Lachs-Schnittchen

ZUBEREITUNG:

1. Das Baguette schräg in Scheiben schneiden und mit Butter bestreichen. Den Lachs auf die Brotscheiben legen.

2. Den Feldsalat waschen, verlesen und abtropfen lassen. Die Kräuter ebenfalls waschen, ausschütteln und klein hacken.

3. Aus Petersilie, Basilikum, Olivenöl, Balsamico-Essig, Salz, Pfeffer und Zucker eine Salatsoße herstellen, süß abschmecken.

4. Den Salat mit der Soße vermischen und auf zwei Tellern anrichten. Die Pinienkerne darüber streuen.

5. Aus Senf, Honig, Dill und einer Prise Salz eine Soße anrühren.

6. Die Lachsschnittchen zum Salat legen, mit der Senfsoße beträufeln, den Kaviar dekorativ darauf setzen und das Ganze auf einem stimmungsvoll dekorierten Tisch servieren.

ZUTATEN:

$^1/_2$ Baguette
150 g Graved Lachs
100 g Feldsalat
1 EL Basilikum
1 EL Petersilie
1 EL Dill
2 EL Senf
2 EL Honig
2 EL Olivenöl
30 g Pinienkerne
Butter zum Bestreichen
1 EL Balsamico-Essig
2 EL Lachskaviar
Salz
Pfeffer
Zucker

Muscheln in Weißweinsoße

ZUBEREITUNG:

1. Das Gemüse waschen, putzen und in feine Streifen schneiden. Die Knoblauchzehe und die Schalotten abpellen. Die Schalotten in Streifen schneiden.

2. Die Muscheln putzen, das heißt äußerlich von Sand und Fäden befreien.

3. Das Gemüse, die Zwiebeln und den Knoblauch in einem Topf mit etwas Butter anbraten, mit dem Wasser und dem Weißwein aufgießen, mit Salz und Pfeffer würzen und zum Kochen bringen. Wenn das Wasser sprudelnd kocht, die Muscheln hineingeben und ca. sieben Minuten kochen.

4. Die Muscheln mit dem Sud in eine Schüssel geben und mit Weißbrot servieren.

Achtung: Geöffnete Muscheln beim Putzen gleich aussortieren und wegwerfen. Ebenso nach dem Kochen noch geschlossene Muscheln heraussuchen und wegwerfen. In beiden Fällen sind die Muscheln nicht genießbar.

ZUTATEN:

2 kg Miesmuscheln
3 Karotten
1 Stange Lauch
4 Schalotten
1 Knoblauchzehe
1 EL Butter
700 ml trockener Weißwein
500 ml Wasser
Salz
Pfeffer

Gambas an Kartoffelsalat

ZUBEREITUNG:

1. Die Kartoffeln waschen und gar kochen. Die Wachteleier ca. fünf Minuten kochen und mit kaltem Wasser abschrecken.

2. Den Knoblauch und die Zwiebel abpellen und beides fein hacken. Den Rucola waschen.

3. Aus der Zwiebel, dem Öl, dem Senf, dem Essig und der Brühe eine Marinade herstellen und mit Salz und Pfeffer kräftig abschmecken.

4. Die Kartoffeln abpellen und in Scheiben schneiden. Mit der Marinade übergießen, vermischen und eine Stunde ziehen lassen.

5. Die Butter in einer Pfanne schmelzen, den Knoblauch, den Rosmarin und die Gambas zugeben und ca. fünf Minuten braten.

6. Die Gambas mit dem Rucola, den geschälten und halbierten Wachteleiern und dem Kartoffelsalat auf Tellern anrichten und servieren.

ZUTATEN:

300 g Gambas
6 Wachteleier
1 Knoblauchzehe
1 Zweig Rosmarin
1 EL Butter
500 g fest kochende
Kartoffeln
1 Bund Rucola oder
Löwenzahn
1 rote Zwiebel
2 EL Olivenöl
1 TL Senf
3 EL Himbeeressig
70 ml Hühnerbrühe
Salz
Pfeffer

Gefüllte Spitzpaprika

ZUBEREITUNG:

1. Die Spitzpaprika waschen, mit einem scharfen Messer den Stielansatz abschneiden und vorsichtig das Kerngehäuse entfernen.

2. Die rote Paprikaschote waschen, halbieren, das Kerngehäuse entfernen und das Fruchtfleisch in kleine Würfel schneiden. Den Schnittlauch abbrausen und in feine Röllchen schneiden. Die Zwiebel abpellen und fein hacken. Den Radicchio waschen und in Streifen schneiden. Den Mais abschütten und die Maiskörner in eine Schüssel geben.

3. Den Tunfisch, die gewürfelte Paprikaschote, den Schnittlauch, die Zwiebel, die Kapern, die Pfefferkörner, die Majonäse und den Weinessig zu dem Mais geben und alles vermischen. Den Salat mit Salz und Pfeffer abschmecken.

4. Den Tunfischsalat in die Spitzpaprika füllen. Den Radicchio auf Tellern anrichten, die Spitzpaprika und die Crème fraîche dazugeben und mit dem Forellenkaviar garnieren.

ZUTATEN:

2 Spitzpaprika
1 kleiner Kopf Radicchio
1 rote Paprikaschote
1 Bund Schnittlauch
1 Zwiebel
500 g eingelegter Tunfisch
150 g Mais (aus der Dose)
1 kleines Glas Kapern
1 EL eingelegte Pfefferkörner
4 EL Majonäse
2 EL Weinessig
2 EL Crème fraîche
2 EL Forellenkaviar
Salz
Pfeffer

Seeteufel auf Spinat

ZUBEREITUNG:

1. Den Spinat putzen und beiseite stellen.

2. Den Seeteufel mit Salz und Pfeffer würzen, die Butter in einem Topf schmelzen und den Fisch darin von allen Seiten ca. fünf Minuten braten.

3. Den Seeteufel aus dem Topf nehmen, den Spinat waschen und tropfnass in den Topf geben und ihn unter Rühren zusammenfallen lassen.

4. Dann den Spinat in zwei kleine Auflaufformen geben, den Seeteufel darauf setzen.

5. Die Milch mit dem Mehl und dem Parmesankäse vermischen, die Soße kräftig mit Muskat, Salz und Pfeffer würzen. Die Soße über den Fisch und den Spinat geben und das Ganze im Backofen bei 180° C ca. fünf bis sieben Minuten backen.

ZUTATEN:

350 g Seeteufel
2 EL Butter
300 g frischer Spinat
250 ml Milch
1 EL Mehl
70 g Parmesankäse
Muskat
Salz
Pfeffer

Doraden mit griechischer Soße

ZUTATEN:

2 Doraden
2 EL Butter
1 rote Paprikaschote
1 Knoblauchzehe
1 kleine rote Zwiebel
2 EL Olivenöl
200 ml trockener Weißwein
1 Vanilleschote
Salz
Pfeffer

ZUBEREITUNG:

1. Die Paprikaschote waschen, halbieren, das Kerngehäuse entfernen und das Fruchtfleisch in feine Würfel schneiden. Den Knoblauch und die Zwiebel abpellen, beides fein hacken.

2. Das Olivenöl in einem Topf erhitzen und die Zwiebel, den Knoblauch und die Paprikawürfel ca. drei Minuten darin anbraten. Die Hälfte des Gemüses aus dem Topf nehmen und warm stellen.

3. Die Vanilleschote aufschneiden, das Mark herauskratzen und mit dem Wein zum im Topf verbliebenen Gemüse geben. Das Ganze ca. drei Minuten köcheln lassen, dann mit einem Pürierstab pürieren und mit Salz und Pfeffer abschmecken.

4. Die Doraden küchenfertig machen, dann mit einem scharfen Messer den Fisch von beiden Seiten rautenförmig einschneiden. Den Fisch mit Salz und Pfeffer innen und außen würzen.

5. Die Butter in einer Pfanne erhitzen und die Doraden bei mittlerer Hitze von beiden Seiten je vier Minuten braten.

6. Die Doraden auf Tellern anrichten, das Gemüse darauf verteilen, die Soße angießen und das Ganze servieren.

7. Zu diesem Fisch schmecken sehr gut in Butter geschwenkte Zuckerschoten.

Blätterteigpastete mit Garnelen

ZUBEREITUNG:

1. Den Blätterteig auftauen lassen, die Platten auslegen und mit einem Ausstecher (10 cm Durchmesser) vier Kreise ausstechen. Dann mit einem 5-cm-Ausstecher weitere vier Kreise ausstechen. Die Kreise mit Eigelb bepinseln und so zusammensetzen, dass je ein großer und kleiner Kreis übereinander liegen.

2. Die Blätterteigkreise auf ein Backblech geben und im Backofen bei 180° C ca. 20 Minuten backen. Nach dem Backen den Blätterteig auskühlen lassen und dann die Kappe abschneiden.

3. Die Knoblauchzehe abpellen und in Scheiben schneiden. Den Dill abbrausen, ausschütteln, abzupfen und grob hacken. Die Frühlingszwiebeln putzen und in 1,5 cm dicke Stücke schneiden. Die Tomaten waschen und halbieren.

4. Das Öl in einer Pfanne erhitzen, die Garnelen mit dem Knoblauch ca. fünf Minuten von allen Seiten braten und herausnehmen.

5. Den Spargel waschen, die Enden etwas abschneiden und den Spargel in einen Topf mit Salzwasser geben. Wenn das Wasser kocht, die Spargelstangen ca. 10 Minuten köcheln lassen.

6. Die Butter in einem Topf schmelzen, das Mehl darüber streuen, anschwitzen und mit Spargelsud und Prosecco aufgießen. Die Garnelen, die Frühlingszwiebeln, die Tomaten und den Dill unter die Soße rühren, mit Salz und Pfeffer abschmecken. Die Garnelen mit der Soße in die Pasteten füllen, mit dem Spargel auf Tellern anrichten und servieren.

ZUTATEN:

1 Packung TK-Blätterteig in Platten
1 Eigelb
200 g Garnelen
1 Knoblauchzehe
1 EL Olivenöl
1 Bund grüner Spargel
Für die Soße:
1 EL Butter
1 EL Mehl
100 ml Prosecco
100 ml Spargelsud
100 g Cocktailtomaten
½ Bund Dill
2 Frühlingszwiebeln
Salz
Pfeffer

Wachteln im Speckmantel

ZUBEREITUNG:

1. Die Kräuter abbrausen, ausschütteln und fein hacken. Die gehackten Kräuter mit dem Frischkäse vermischen, mit Salz und Pfeffer abschmecken. Wenn Sie gerne Knoblauch mögen, dann können Sie auch noch eine gehackte Zehe unter den Frischkäse mischen.

2. Die Wachteln unter kaltem Wasser abbrausen, abtupfen und mit Salz und Pfeffer würzen. Die Wachteln mit dem Speck umwickeln.

3. Die Knoblauchzehe abziehen, vierteln und je ein Viertel in die Bauchhöhlen der Wachteln stecken.

4. Die Butter in einem Topf schmelzen, die Wachteln von beiden Seiten darin etwas anbraten. Den Weißwein in den Topf gießen und die Wachteln dann im Backofen bei 180° C ca. 25 Minuten braten, ab und zu mit dem entstandenen Bratensaft übergießen.

5. Kurz bevor die Wachteln fertig sind, das Brot aufschneiden und mit dem Käse bestreichen. Das Brot mit den Wachteln auf Tellern anrichten. Servieren Sie dazu einen trockenen Weißwein, z. B. einen Soave.

ZUTATEN:

4 Wachteln
12 Scheiben Frühstücksspeck
1 Knoblauchzehe
1 EL Butter
100 ml trockener Weißwein
1 Baguette
100 g Frischkäse
1 Bund gemischte Kräuter
Salz
Pfeffer

Marinierte Hähnchenbrust

ZUBEREITUNG:

1. Das Hähnchenfleisch in Streifen schneiden und in eine Schüssel geben. Den rosa Pfeffer in einem Mörser zerstoßen. Den Honig, das Öl, das Tomatenmark, die Sojasoße und den rosa Pfeffer mit den Fleischstreifen vermischen und ca. 1½ Stunden marinieren lassen.

2. Die Champignons putzen und in Scheiben schneiden. Die Paprikaschote waschen, halbieren, das Kerngehäuse entfernen und das Fruchtfleisch in Streifen schneiden.

3. Von den Frühlingszwiebeln Spitzen und Enden abschneiden. Die erste Schicht entfernen und die Stangen in 2 cm lange Stücke schneiden.

4. Das marinierte Fleisch mit der Marinade in eine heiße Pfanne geben und kräftig braten. Die Paprikastreifen, die Champignons und die Frühlingszwiebeln zugeben und mitbraten. Das Ganze mit Salz und Pfeffer abschmecken.

5. Servieren Sie dieses Gericht mit Glasnudeln.

ZUTATEN:

2 große Hähnchenbrustfilets
4 Frühlingszwiebeln
200 g Champignons
1 gelbe Paprikaschote
1 TL rosa Pfeffer
1 EL Honig
2 EL Olivenöl
1 EL Tomatenmark
1 EL Sojasoße
Salz
Pfeffer

Wirsingsäckchen in Estragonsoße

ZUTATEN:

250 g Hähnchenfilets
$\frac{1}{2}$ Bund gemischte Kräuter
$\frac{1}{2}$ altbackenes Brötchen
1 EL Mehl
1 Ei
4 große Wirsingblätter
Für die Soße:
200 ml Wirsingsud
100 ml trockener Weißwein
100 ml süße Sahne
$\frac{1}{2}$ Bund Estragon
1 EL Butter
1 Schalotte
1 TL Speisestärke
Schale von einer Orange
Salz
Pfeffer

ZUBEREITUNG:

1. Das Brötchen in warmem Wasser einweichen. Die Kräuter abbrausen, ausschütteln und fein hacken.

2. Das Hähnchenfleisch durch einen Fleischwolf drehen, bis eine geschmeidige Masse entstanden ist. Die Fleischmasse mit den Kräutern, dem ausgedrückten Brötchen, dem Mehl und dem Ei vermischen, das Ganze mit Salz und Pfeffer abschmecken.

3. Von den Wirsingblättern den harten Strunk abschneiden. Wasser in einem Topf zum Kochen bringen und die Blätter nacheinander darin blanchieren und nebeneinander auslegen. Die Wirsingblätter in eine Suppenkelle drücken, die Fleischmasse in die Vertiefung geben und dann die Wirsingblätter wie ein Säckchen oben zusammenbinden.

4. Einen Topf ca. 2 cm mit Wasser füllen, dann den Dämpfeinsatz hineinstellen, die Wirsingsäckchen darauf setzen und bei geschlossenem Deckel ca. 15 Minuten dämpfen.

5. Den Estragon abbrausen, ausschütteln und grob hacken. Die Schalotte abpellen und fein hacken.

6. Die Butter in einem Topf schmelzen und die Schalotte darin anbraten. Die Sahne mit der Speisestärke glatt rühren. Mit dem Wirsingsud, dem Wein und der Sahne aufgießen und fünf Minuten köcheln lassen. Die Orangenschale und den Estragon in die Soße rühren, mit Salz und Pfeffer abschmecken.

Kaninchen al Toskana

ZUBEREITUNG:

1. Das Kaninchenfleisch von den Knochen lösen und in Würfel schneiden. Die Baguettebrötchen in mundgerechte Stücke zerteilen, die Kräuter abbrausen, ausschütteln und grob zerteilen. Die Zitronen in Scheiben schneiden. Den Knoblauch und die Schalotten abziehen, den Knoblauch fein hacken und die Schalotten je nach Größe achteln oder vierteln. Die Cocktailtomaten halbieren.

2. Einen Esslöffel Olivenöl in einer großen Pfanne erhitzen, das Fleisch darin braten, bis es braun ist. Den Knoblauch, die Kräuter, die Zitronenscheiben und die Schalotten zugeben und ca. drei Minuten mitbraten. Mit Salz und Pfeffer würzen, aus der Pfanne nehmen und warm stellen.

3. Das restliche Öl in die Pfanne geben und das Brot darin goldbraun anrösten. Das Fleisch und die anderen Zutaten zurück in die Pfanne legen, die Tomaten hinzufügen, das Ganze nochmals kurz erhitzen und servieren.

ZUTATEN:

1 mittelgroßes Kaninchen
6 Schalotten
2 Zitronen
1 Knoblauchzehe
2 Baguettebrötchen
1 Bund gemischte Kräuter
8 Cocktailtomaten
3 EL Olivenöl
Salz
Pfeffer

Gefüllte Lauchstangen auf Tomaten

ZUTATEN:

3 Stangen Lauch
2 Tomaten
1 Becher Crème fraîche
1 Bund gemischte Kräuter
1 Eigelb
100 g durchwachsener Speck
300 g geriebener
Emmentaler
1 Becher süße Sahne
1 Bund Schnittlauch
Salz
Pfeffer

ZUBEREITUNG:

1. Den Lauch putzen, in 10 cm lange Stücke schneiden und gründlich waschen. Das Innere entfernen, so dass noch zwei bis drei Lagen Lauch übrig bleiben. Den Rest des Lauches in kleine Stücke schneiden und in eine Schüssel geben.

2. Den Speck in kleine Würfel schneiden. Die Kräuter abbrausen, ausschütteln und klein hacken. Den klein geschnittenen Lauch mit der Crème fraîche, den Kräutern, dem Eigelb und dem Speck vermischen und alles mit Salz und Pfeffer abschmecken.

3. Die Lauchstücke mit der Mischung füllen und in eine Auflaufform geben. Die Sahne darüber schütten. Das Ganze mit dem Käse bestreuen und im Backofen bei 180° C ca. 15 Minuten backen.

4. In der Zwischenzeit die Tomaten waschen und in Scheiben schneiden. Den Schnittlauch abbrausen und in Röllchen schneiden.

5. Die Tomaten auf Tellern anrichten, die gefüllten Lauchstangen darauf setzen und mit dem Schnittlauch bestreuen.

Fleischspieße mit südländischer Soße

ZUBEREITUNG:

1. Die Paprikaschote waschen, halbieren, das Kerngehäuse entfernen und das Fruchtfleisch in Stücke schneiden. Die Tomaten waschen und in Würfel schneiden. Die Zucchini schälen und in kleine Stücke hacken.

2. Die Butter in einem Topf erhitzen und das Tomatenmark darin anschwitzen. Dann das Gemüse zufügen, eventuell etwas Wasser zugeben und bei geringer Hitze ca. fünf Minuten köcheln. Die Soße mit Zucker, Salz, Pfeffer und etwas Essig abschmecken. Zum Schluss die klein gehackten Kräuter unterrühren.

3. Die Schweineschnitzel dünn klopfen und dann in ca. 3 cm breite Streifen schneiden. Die Streifen auf die Holzspieße stecken, mit Mehl bestäuben und mit Salz und Pfeffer würzen.

4. Das Öl in einer Pfanne erhitzen und die Spieße darin braten. Die Fleischspieße auf Tellern anrichten und mit der Soße servieren.

ZUTATEN:

2 Schweineschnitzel
2 EL Olivenöl
2 Tomaten
1 gelbe Paprikaschote
1 Zucchini
1 Bund gemischte Kräuter
1 EL Tomatenmark
1 EL Butter
Essig
Zucker
Salz
Pfeffer
Mehl
lange Holzspieße

Schweinefilet mit Calvados-Äpfeln

1. Das Schweinefilet mit Salz und Pfeffer würzen. Das Bratfett in einem Topf erhitzen und das Filet darin von allen Seiten ca. 15 Minuten braten. Dann das Filet in Alufolie einpacken und ca. 15 Minuten ruhen lassen.

2. Die Fenchelknollen waschen, gegebenenfalls die äußeren Blätter entfernen. Die Knollen halbieren und dann weiter längs in ca. 1 cm kleine Stücke schneiden.

3. Die Butter in einem Topf erhitzen, den Zucker zugeben und so lange rühren, bis der Zucker karamellisiert (geschmolzen) ist. Jetzt die Fenchelspalten zugeben und ca. 10 Minuten braten, gelegentlich wenden.

4. Während der Fenchel gart, die Äpfel waschen, halbieren, das Kerngehäuse entfernen und dann die Äpfel in Spalten schneiden. Kurz bevor der Fenchel fertig ist, die Apfelspalten zugeben, mit dem Calvados übergießen und mit Salz und Pfeffer würzen.

5. Das Schweinefilet aufschneiden und mit dem Fenchel-Apfel-Gemüse auf Tellern anrichten und servieren.

ZUTATEN:

500 g Schweinefilet
2 Fenchelknollen
4 säuerliche Äpfel
2 EL Bratfett
1 EL Butter
2 EL Zucker
70 ml Calvados
Salz
Pfeffer

Lammkoteletts mit Kumquatsoße

ZUBEREITUNG:

1. Die Kumquats in Scheiben schneiden. Die Chili in Ringe schneiden und dabei die Kerne entfernen.

2. Die Kumquats mit dem Chili, dem Sternanis, dem Zucker und dem Wasser in einen Topf geben und ca. 10 Minuten köcheln. Dann die Soße mit Salz abschmecken.

3. Die Lammkoteletts mit Salz und Pfeffer würzen. Die Knoblauchzehe vierteln.

4. Das Öl in einer Pfanne erhitzen und die Koteletts mit den Rosmarinzweigen und den Knoblauchvierteln darin ca. fünf Minuten braten.

5. Die Kumquatsoße auf Teller geben, die Koteletts mit dem Rosmarin und dem Knoblauch darauf setzen und servieren.

ZUTATEN:

6 Lammkoteletts
2 Zweige Rosmarin
1 Knoblauchzehe
2 EL Olivenöl
10 Kumquats
1 kleine Chilischote
2 Sternanis
100 ml Wasser
1 TL Zucker
Salz
Pfeffer

Lammsteaks auf Gurkengemüse

1. Die Nadeln von den Rosmarinzweigen streifen und hacken. Die Knoblauchzehe abpellen und zerkleinern. Rosmarinnadeln, die Hälfte des Knoblauchs, den Käse und das Olivenöl in eine Küchenmaschine geben und daraus ein Pesto (Mus) herstellen. Das Pesto mit etwas Salz abschmecken.

2. Die Gurken schälen, längs halbieren, die Kerne mit einem Teelöffel herausschaben und die Gurkenhälften in Stücke schneiden. Den Dill abbrausen, abzupfen und grob hacken. Butter in einem Topf schmelzen, den restlichen Knoblauch anbraten und dann die Gurken zugeben, ca. fünf Minuten garen. Wenn die Gurken gar sind – sie sollen noch Biss haben –, den Dill und die Crème fraîche unterrühren. Das Gurkengemüse mit Salz und Pfeffer abschmecken.

3. Die Lammsteaks in einer Pfanne mit Bratfett von beiden Seiten ca. vier Minuten braten.

4. Dann die Steaks in eine Auflaufform geben und das Pesto darauf setzen. Im vorgeheizten Backofen bei 180° C ca. fünf Minuten überbacken.

5. Die Lammsteaks auf dem Gurkengemüse servieren.

ZUTATEN:

8 Lammsteaks
1 EL Bratfett
2 Zweige Rosmarin
2 EL geriebener Parmesankäse
1 Knoblauchzehe
2 EL Olivenöl
2 Gurken
1 EL Butter
1 Becher Crème fraîche
$1/2$ Bund Dill
Salz
Pfeffer

Rinderfilet mit Blumenkohl

ZUBEREITUNG:

1. Den Blumenkohl putzen und in kleine Röschen teilen. Wasser mit etwas Salz zum Kochen bringen und dann die Blumenkohlröschen bei geschlossenem Deckel ca. 15 Minuten dünsten.

2. Das Fett in einer Pfanne erhitzen, das Rinderfilet salzen und pfeffern und darin von allen Seiten ca. 10 Minuten braten. Dann das Fleisch in Alufolie wickeln und 10 Minuten ruhen lassen.

3. Den Rotwein und die Pfefferkörner in die Pfanne geben und den Bratensatz loskochen. Die Crème fraîche einrühren und die Soße mit Salz und Pfeffer abschmecken.

4. Das Rinderfilet aufschneiden, mit der Soße und dem Blumenkohl auf Tellern anrichten und servieren.

ZUTATEN:

1 kleiner Blumenkohl
600 g Rinderfilet
2 EL Bratfett
200 ml Wasser
1 EL eingelegter Pfeffer
100 ml trockener Rotwein
2 EL Crème fraîche
Salz
Pfeffer

Rindfleischsalat mit Meerrettichsahne

ZUTATEN:

500 g Tafelspitz
200 g Suppengrün (Lauch,
Karotten, Sellerie,
Petersilienwurzel)
1 Zwiebel
Wacholderbeeren
Pfefferkörner
1 Lorbeerblatt
1 Kopf grüner Salat
6 Cocktailtomaten
1 Becher saure Sahne
2 EL frischer Meerrettich
(wem das zu scharf ist, aus
dem Glas)
Salz
Pfeffer

ZUBEREITUNG:

1. Den Tafelspitz mit den Gewürzen in einem hohen Topf mit 1 l kaltem Wasser aufsetzen, und zum Kochen bringen. Nach dem ersten Aufkochen die Hitze reduzieren, etwas salzen und das Fleisch ca. eine Stunde köcheln lassen.

2. Das Suppengemüse waschen, schälen oder putzen. Den Lauch in Ringe, die Karotten, Zwiebel, Sellerie und Petersilienwurzel in etwa gleich große Stücke schneiden. Das vorbereitete Gemüse nach ca. 30 Minuten Kochzeit des Fleisches zugeben.

3. Wenn das Fleisch gar ist, aus der Brühe nehmen, abkühlen lassen und in Streifen schneiden. (Die Brühe durch ein Sieb in einen zweiten Topf abschütten, Sie können diese Brühe sehr gut als Suppe verwenden.)

4. Die Sahne aufschlagen, bis sie mäßig steif ist, dann den Meerrettich schälen und in die Sahne reiben. Mit Salz und Pfeffer abschmecken.

5. Den Salat putzen und waschen, auf zwei Tellern anrichten, das Rindfleisch darauf setzen, mit den Tomaten dekorieren und die Meerrettichsahne darüber geben.

Zimt-Fleischspieße

ZUBEREITUNG:

1. Die Zwiebel und die Knoblauchzehe abpellen und fein hacken. Die Chilischote halbieren, die Kerne entfernen und das Fruchtfleisch in feine Streifen schneiden. Den Ingwer schälen und fein hacken.

2. Das Hackfleisch mit der Zwiebel, dem Knoblauch, dem Chili, dem Ingwer, dem Senf und dem Ei vermischen und mit Salz und Pfeffer abschmecken.

3. Die Hackfleischmasse aufteilen und mit nassen Händen gleichmäßig so um die Zimtstangen drücken, dass rechts und links jeweils noch ca. 3 cm Platz bleiben.

4. Das Öl in einer Pfanne erhitzen und die Hackspieße darin ca. 10 Minuten von allen Seiten braten. Wenn die Spieße gar sind, sie in den Sesamkörnern wälzen.

5. Sollten Sie keine langen Zimtstangen bekommen, dann nehmen Sie normale und stecken diese mit einem Zahnstocher zusammen.

6. Zu diesen Zimtspießen servieren Sie einen frischen Salat und Weißbrot.

ZUTATEN:

250 g mageres Hackfleisch
8 lange Zimtstangen
1 Knoblauchzehe
1 Zwiebel
1 rote Chilischote
30 g Ingwer
1 TL Senf
1 Ei
2 EL Olivenöl
1 EL Sesam
Salz
Pfeffer

Geschmortes Rinderherz

ZUTATEN:

500 g Rinderherz
3 EL Butter
2 EL getrockneter grüner
Pfeffer
1 EL Mehl
100 ml trockener Rotwein
½ Bund Thymian
150 ml saure Sahne
Salz

ZUBEREITUNG:

1. Das Rinderherz von Sehnen und Haut befreien, das Fleisch in kleine Stücke schneiden.

2. Die Butter in einem Topf schmelzen und das klein geschnittene Fleisch darin anbraten. Das Fleisch mit dem Mehl bestäuben und mit dem Rotwein aufgießen. Die Thymianzweige und den Pfeffer zugeben und das Ganze bei geschlossenem Deckel ca. 60 Minuten köcheln. Gelegentlich umrühren, sollte zu viel Flüssigkeit verkochen, mit Wasser aufgießen.

3. Die Thymianzweige aus der Soße nehmen, die saure Sahne unterrühren, mit Salz abschmecken.

4. Zu diesem Gericht passen gut Nudeln oder Kartoffelpüree und ein frischer Salat.

Rindfleischstreifen mit Artischocken

ZUBEREITUNG:

1. Das Rinderfilet in dünne Streifen schneiden. Die Schalotte und den Ingwer schälen und fein hacken. Von der Limette die Schale abreiben und die Limette auspressen. Aus dem Honig, dem Sambal Oelek, dem Essig, dem Ingwer, dem Tomatenmark, der Schalotte, der Limettenschale und dem Limettensaft eine Marinade herstellen. Die Fleischstreifen darin eine Stunde marinieren.

2. Die Artischocken waschen und die Spitzen mit einer Haushaltsschere zuschneiden. In Salzwasser je nach Größe ca. 15–20 Minuten kochen.

3. Das Bratfett in einem Topf erhitzen, das Fleisch aus der Marinade nehmen, abtropfen lassen und ca. fünf Minuten braten. Die Marinade zum Fleisch geben und mit dem Wasser aufgießen. Das Fleisch so lange köcheln, bis $\frac{1}{3}$ der Flüssigkeit verdampft ist. Mit Salz und Pfeffer würzen.

4. Die Artischocken aus dem Wasser nehmen, längs halbieren und mit einem Löffel das Heu herauskratzen.

5. Das Fleisch mit den Artischocken servieren.

6. Von den Artischocken kann man den Boden ganz essen, von den Artischockenblättern schabt man das Fruchtfleisch ab.

ZUTATEN:

4 Artischocken
300 g Rinderfilet
4 EL Honig
1 TL Sambal Oelek
10 g Ingwer
1 EL Tomatenmark
1 Schalotte
1 Limette
50 ml Balsamico-Essig
150 ml Wasser
1 EL Bratfett
Salz
Pfeffer

Erdbeereis mit Grappa-Zabaione

ZUTATEN:

- -

250 g frische Erdbeeren
150 g Zucker
100 ml Wasser
1 Ei
25 ml Läuterzucker
(Beschreibung siehe rechts)
100 ml Chablis-Weißwein
4 cl Grappa

ZUBEREITUNG:

1. Die Erdbeeren waschen und halbieren. Mit dem Wasser und dem Zucker einmal aufkochen lassen, mit dem Pürierstab pürieren und abkühlen lassen.

2. Das Ei trennen, das Eiweiß zu Eischnee schlagen und unter die Erdbeermasse rühren. Dann das Ganze in eine Schüssel geben und im Tiefkühler gefrieren lassen. In dieser Zeit immer wieder mit dem Schneebesen umrühren. Das Ganze dauert ca. drei Stunden, dann ist das Eis fertig.

3. Für den Läuterzucker 50 ml Wasser und 50 g Zucker verrühren und einmal aufkochen lassen. Dann den Läuterzucker erkalten lassen.

4. Wasser in einen Topf geben und auf ca. 60° C erhitzen. In dieses Wasser eine Schüssel stellen. Den Läuterzucker und das Eigelb in die Schüssel geben und unter Zugabe des Chablis mit dem Schneebesen eine Weinschaumsoße aufschlagen. Den Grappa dazugeben und nochmals umrühren.

5. Die Zabaione auf Teller verteilen. Aus dem Eis mit einem Löffel Kugeln formen, auf die Zabaione setzen und servieren.

Wenn Ihnen nach dem Eis kalt ist, reichen Sie einen heißen süßen Espresso. Frische Erdbeeren und gut gekühlter, trockener Weißwein sind eine aufregende Mischung und passen gut zusammen.

Gratinierte Erdbeeren

ZUBEREITUNG:

1. Die geputzten Erdbeeren vierteln, mit einem Drittel des Puderzuckers und dem Wermut mischen.

2. Die Eier trennen. Das Eigelb mit der Hälfte des restlichen Zuckers zu einer cremigen Masse verquirlen. Das Eiweiß mit dem restlichen Zucker zu steifem Schnee schlagen.

3. Die Erdbeeren mit der Eigelbmasse, Zimt, Zitronenschale und Haselnüssen mischen, dann den Eischnee gleichmäßig unterheben.

4. Zwei feuerfeste Auflaufformen ausbuttern und die Masse hineinfüllen. Auf der mittleren Schiene des vorgeheizten Backofens 20 Minuten bei 200° C garen.

ZUTATEN:

400 g Erdbeeren
3 Eier
30 g Puderzucker
100 g gemahlene Haselnüsse
1 EL Zimt
50 ml Wermut, z. B. Martini Bianco
Schale von 1/2 Zitrone
Butter

Mousse au Chocolat

ZUBEREITUNG:

1. Die Eier trennen. Das Eiweiß und die Sahne getrennt steif schlagen.

2. Die Schokoladen im Wasserbad schmelzen und etwas abkühlen lassen, bis sie lauwarm, aber noch flüssig sind.

3. Das Eigelb mit 2 EL heißem Wasser schlagen. Den Zucker einrieseln lassen und die Masse cremig schlagen.

4. Die lauwarme flüssige Schokolade schnell einrühren. Sofort die Sahne und den Eischnee unterrühren.

5. Die Mousse au Chocolat in einem Gefäß im Kühlschrank erkalten lassen. (Das dauert etwa 2–3 Stunden.)

6. Mit einem Löffel die Creme ausstechen und auf Tellern anrichten. Ein Tipp von mir: Versuchen Sie mal die Creme, wenn sie vorher für 1 Stunde im Tiefkühler war.

ZUTATEN:

3 frische Eier
200 g süße Sahne
40 g Zucker
100 g Zartbitterschokolade
(70 % Kakao)
100 g Vollmilchschokolade
(keine billige Schokolade verwenden)

Mohnnudeln

ZUBEREITUNG:

1. Das Mehl mit etwas Salz in eine Schüssel geben. In die Mitte des Mehls eine Mulde drücken, Eier und Wasser hineingeben. Alles zu einem glatten Teig verarbeiten.

2. Den Teig in Klarsichtfolie einwickeln und ca. 20 Minuten ruhen lassen.

3. Den Teig auf einer bemehlten Arbeitsfläche dünn ausrollen. Den Nudelteig in schmale Streifen schneiden. Die Nudeln in reichlich kochendem Salzwasser ca. fünf Minuten garen.

4. Butter in einem Topf schmelzen. Das Mohnback, den Honig und den Zimt zugeben. Wenn sich der Honig verflüssigt hat, die gekochten Nudeln untermengen, auf Tellern anrichten und servieren.

ZUTATEN:

1 Packung Mohnback
2 EL Butter
2 EL Honig
$\frac{1}{2}$ TL Zimt
Für den Teig:
350 g Weizenmehl
4 Eier
100 ml Wasser
Salz
Salzwasser

Apfel im Schlafrock

ZUBEREITUNG:

1. Die Äpfel waschen und das Kerngehäuse ausstechen. Die Rosinen mit dem Amaretto vermischen.

2. Den Blätterteig auftauen lassen. Das Marzipan mit den Rosinen und den Pistazien verkneten und in die Äpfel füllen. Das Ei trennen.

3. Jede Teigscheibe auf einer bemehlten Arbeitsfläche zum Quadrat (ca. 20 x 20cm) ausrollen. Die Ränder mit Eiweiß einstreichen. Je einen Apfel darin einschlagen und den Teig oben fest zusammendrücken. Das Ganze mit den Resten des Blätterteiges verzieren.

4. Die Äpfel auf ein mit Backpapier ausgelegtes Blech setzen und mit Eigelb bestreichen. Im vorgeheizten Backofen bei 180° C ca. 25 Minuten backen.

5. Die Äpfel im Schlafrock auf Teller setzen und mit etwas Ahornsirup servieren.

ZUTATEN:

2 Äpfel
70 g Marzipan
25 g gehackte Pistazien
1 EL Rosinen
1 EL Amaretto
1 Packung TK-Blätterteig
1 Ei
2 EL Ahornsirup

Register

© 2005 SAMMÜLLER KREATIV GmbH
Genehmigte Lizenzausgabe
EDITION XXL GmbH
Fränkisch-Crumbach 2005
www.edition-xxl.de

Küche und Fotos: G. Poggenpohl, Wismar
Foodstyling: Caterina Marx
Layout: Sonja Sammüller
Satz: Phat Tien Duong
Umschlag: Nadine Meisinger

ISBN 3-89736-015-2